Gudrun Griesmayr/Stefan Liesenfeld
Chiara Luce Badano

AF186399

Gudrun Griesmayr/
Stefan Liesenfeld

Chiara Luce Badano

»Gott liebt mich doch!«
Ein kurzes, intensives Leben

Verlag Neue Stadt
München · Zürich · Wien

2013, 5. Auflage
© Alle Rechte der deutschsprachigen Ausgabe bei
Verlag Neue Stadt GmbH, München
Umschlaggestaltung und Satz: Neue-Stadt-Graphik
Druck und Bindung : CPI – Clausen & Bosse, Leck

ISBN 978-3-87996-884-8

www.neuestadt.com

Vorwort

„Sei glücklich, denn ich bin es!" Mit diesen Worten nahm Chiara Luce Badano Abschied von ihrer Mutter, wenig später schloss sie für immer die Augen. Drei Wochen danach wäre sie 19 geworden. Die junge Norditalienerin, eine „ganz normale" und doch außergewöhnliche Jugendliche, ist an einer schweren Krebserkrankung gestorben. Sie hinterlässt bleibende Spuren, nicht nur in ihrem Freundes- und Bekanntenkreis: Mehrere Bücher werden über sie geschrieben,[1] am 25. September 2010, rund zwanzig Jahre nach ihrem Tod, spricht die Kirche sie selig. Ihr Leben zeigt, wie der Glaube einen Menschen prägen kann, im Alltag und in den Momenten, in denen es „drauf ankommt". Auch Chiara kannte Unsicherheiten, Einsamkeit, innere Unruhe und Ängste, sie hat Misserfolg und Schmerz erfahren. Es ist eine unspektakuläre Lebensgeschichte, von der doch eine besondere Leuchtkraft ausgeht.

Etwas von dieser „Spur von Licht", die Chiara Luce (= Licht) hinterlassen hat, scheint aus den hier zusammengetragenen Berichten und Erinnerungen durch.

Unser herzlicher Dank gilt ihrem früheren Bischof Livio Maritano und Mariagrazia Magrini, der Vizepostulatorin des Seligsprechungsprozesses, für ihre freundliche Unterstützung, die Durchsicht des Manuskripts und die Bereitstellung der Fotos.

Gudrun Griesmayr und Stefan Liesenfeld

---

1   Unter anderen: Mariagrazia Magrini, Di luce in luce. Un sì a Gesù. Chiara Badano, (Edizioni San Paolo) Cinisello Balsamo 2004; Mariagrazia Magrini, Un raggio di luce. Riflessioni sulla spiritualità di Chiara Badano, (Edizioni San Paolo) Cinisello Balsamo 2007; Michele Zanzucchi, Io ho tutto. I 18 anni di Chiara Luce Badano, (Città Nuova Editrice) Rom, Neuausgabe 2010; Franz Coriasco, Dai tetti in giù. La beata Chiara Luce Badano raccontata dal basso, (Città Nuova Editrice) Rom 2010.

Inhalt

Blick auf Sassello

Ein lang ersehntes Kind

Sassello ist eines der kleinen Dörfer auf den An-höhen oberhalb der ligurischen Küste. Dort kam Chiara Badano auf die Welt, dort ist sie aufgewachsen und gestorben. Der Ort, der nicht einmal 2000 Einwohner zählt und von dem es heißt, dass fast die Hälfte der Familien den Namen „Badano" trage, liegt im nördlichen Abschnitt des Ligurischen Apennins, etwa 60 Kilometer von Genua entfernt. Politisch gehört Sassello zur Provinz Savona (Ligurien), kirchlich zur Diözese Acqui (Piemont). Seine „Amaretti" haben Sassello bekannt gemacht. In einem der Betriebe, in dem die süßen Mandelmakronen hergestellt werden, arbeitete Chiaras Mutter Maria Teresa Caviglia bis zur Geburt ihrer Tochter. Der Vater Ruggero verdiente den Unterhalt für die kleine Familie als LKW-Fahrer in einer Art Ich-AG, wie wir heute sagen würden.

Die Eltern kannten sich seit dem Kindergarten; später engagierten sich beide in der Pfarrei. Es hat gedauert, bis sie sich fanden. Zunächst hatte Maria Teresa, die aus einer einfachen Bauernfamilie mit

Maria Teresa und
Ruggero Badano
mit ihrer Tochter

acht Kindern stammt, einen anderen Freund. Und
auch als aus dieser Beziehung nichts wurde, konnte Ruggero, der älteste von drei Geschwistern einer
etwas besser situierten Familie, die geliebte Maria
Teresa nicht gleich für sich gewinnen. Doch schließlich … – Chiara hatte später an der „Lovestory" ihrer Eltern eine solche Freude, dass sie sich diese
Geschichte immer wieder erzählen ließ.

Am 16. Oktober 1960 haben Maria Teresa Caviglia
und Ruggero Badano geheiratet. Sehnlichst wünsch-
ten sie sich Kinder, doch sie mussten elf lange Jahre
warten. „Jedes Mal", erzählt der Vater, „wenn ich
mich mit Gleichaltrigen traf, die Kinder hatten,
wurde mir schmerzlich bewusst, dass uns etwas
fehlte." Es war keine leichte Zeit für das Paar. Ruggero, der bis dahin nicht gerade fromm gewesen
war, pilgerte in seiner Not sogar zu einem Marien-
heiligtum, um in diesem großen Anliegen zu beten.

Einen Monat später – Zufall oder nicht – war Maria Teresa schwanger. Am 29. Oktober 1971 erblickte ihr Töchterchen das Licht der Welt. Für Ruggero und Maria Teresa war es die Erfüllung ihres Herzenswunsches – und die Erhörung vieler Gebete. Sie gaben der Kleinen den Namen Chiara, nach der heiligen Klara, der ersten Gefährtin des Franz von Assisi.

Ein starker Charakter
und ein weites Herz

Im Familienalltag der Badanos gehörte der Glaube wie selbstverständlich dazu; man betete miteinander, und schon früh erzählte die Mutter, die selbst aus einem „gut katholischen" Elternhaus kam, der kleinen Chiara Geschichten aus der Bibel, besonders von Jesus.

Die Eltern und zahlreichen Verwandten erinnern sich an so manche Episode aus der frühen Kindheit des temperamentvollen, selbständigen Mädchens.

Einmal weigerte sich Chiara, mit der Mutter zu beten. Maria Teresa wollte sie nicht drängen; denn ein Gebet sollte doch freiwillig und aus Liebe zu Gott erfolgen; also sagte sie nur: „Gut, dann bete ich für dich mit." Es dauerte nicht lange, da wiederholte die Kleine das Gebet, das die Mutter gerade gesprochen hatte. Eine typische Szene, wenn man den Beschreibungen folgt: Chiaras erste spontane Reaktion auf eine Bitte war oft ein entschiedenes Nein, dann dachte sie nach, besann sich – und lenkte großzügig ein.

Ein fröhliches,
selbstbewusstes Mädchen

Später hat Chiara diesen Charakterzug einmal schmunzelnd mit einem Gleichnis Jesu in Verbindung gebracht: Die Mutter hatte sie gebeten, beim Tischabräumen zu helfen. Doch sie hatte keine Lust und machte sich auf den Weg in ihr Zimmer, um zu spielen. Kurze Zeit später kam sie zurück und sagte: „Mama, wie geht noch mal die Geschichte im Evangelium, wo der Vater den beiden Söhnen sagt, sie sollen im Weinberg arbeiten? Der eine sagt Ja und geht dann doch nicht, und der andere sagt nein und geht dann doch, nicht wahr? – Mama, du kannst mir die Schürze geben." Chiara wusste, was sie wollte, und gehorchen kann ja so schwer sein … Doch sie hatte ihre Eltern von Herzen gern, und au-

ßerdem hatte sie gelernt, dass man „Jesus eine Freude macht", wenn man einem anderen hilft.

Von klein auf brachten die Eltern ihr nahe, die Armen und Notleidenden nicht zu vergessen. Sie sollte bloß „kein verzogenes, egoistisches Einzelkind" werden. Nach dem Urteil einer Tante waren die Eltern nicht übermäßig streng, aber doch klar und bestimmt in der Erziehung ihrer Tochter.

Der Kindergarten war für Chiaras Entwicklung wichtig. Dort war sie ein Kind unter vielen; sie musste lernen, sich in eine größere Gemeinschaft einzufügen und damit klarzukommen, dass andere Kinder nicht dasselbe wollten wie sie. Ihr offenes Wesen half ihr, Kontakte zu knüpfen und Freundschaften zu schließen. Sie hat es genossen, mit anderen Kindern zusammen zu sein, zu spielen und auf Erkundungen zu gehen – und zu zeigen, was an Talenten und Temperament in ihr steckte …

Einige Begebenheiten zeigen ihr großherziges Wesen. So hatte die Mutter ihr vorgeschlagen, einige Spielsachen zu verschenken. Da hörte sie Chiaras Stimme aus dem Nachbarzimmer: „Das ja, das nein; das ja, das nein …" Auf die Frage, was sie da tue, antwortete Chiara: „Ich kann den armen Kindern doch nicht die kaputten Spielsachen geben!" Sie war dabei, das gute Spielzeug auszusortieren …

Die Ordensschwestern, die in Chiaras Kindergarten als Erzieherinnen arbeiteten, zeigten den Kleinen einmal anhand einiger Dias, wie Kinder in den Entwicklungsländern leben. Das ließ Chiara keine Ruhe. Fortan sammelte sie ihre Ersparnisse in einer kleinen Schachtel: „Für die Kinder in Afrika". Sie begann davon zu träumen, einmal als Ärztin nach Afrika zu gehen, um dort kranken Kindern helfen zu können – ein Wunsch, der in ihr lebendig blieb, wie ihre Freundin Chicca weiß: „Sie wollte Medizin studieren und als Kinderärztin in Afrika arbeiten."

Als ihre Freundin Maria Luisa im Kindergarten zur Strafe „in die Ecke" geschickt wurde, bekam Chiara Mitleid mit ihr und wollte unbedingt zu ihr, damit sie dort nicht allein wäre. Der Mutter erzählte sie hinterher: „Maria Luisa hatte ein anderes Kind umgeschubst ... Dafür musste sie in die Ecke. Da bin ich zu ihr gegangen und habe ihr gesagt: ‚Du brauchst keine Angst zu haben, du bist nicht allein; ich bleib bei dir.' Da musste sie lachen und hat nicht geweint." Wie die Erzieherin dies gefunden hat, wissen wir nicht ... Jedenfalls zeigt die Episode Chiaras Art, nicht viele Worte zu machen, sondern konkret zu werden und etwas für die zu tun, denen es gerade nicht gut ging. Beispiele dafür gebe es zuhauf, schreibt der Bruder ihrer besten Freundin in einer Lebensbeschreibung. Ihre Großmutter sagte einmal, dieses Kind sei „wie aus einer anderen Welt". Als Chiaras Mutter davon erfuhr, protestierte sie: „Sei still, sag das nicht; ich habe so viele Jahre auf sie gewartet!"

Ansonsten aber beschreiben die, die Chiara kannten, sie als „ganz normales Kind", fröhlich und lebhaft. Ihre Bescheidenheit kommt in folgender Erinnerung eines Onkels zum Vorschein: „Chiara war vier oder fünf. Ich ging mit ihr auf den Jahrmarkt und kaufte ihr drei Marken für das Karussell. Sie sagte, sie wollte aber nur eine verfahren und die anderen für die nächsten Tage aufheben. Der Karussellbetreiber, der gewöhnt war, dass Kinder selten genug haben können, war so perplex angesichts ihrer Genügsamkeit, dass er ihr eine ganze Handvoll Marken gab ..."

Ihre Fröhlichkeit zeigte sich auch darin, dass sie oft und gern gesungen hat, wie schon ihre erste Erzieherin im Kindergarten, Schwester Alessandrina, feststellte. Dieses Talent hatte sie übrigens von ihrer Mutter.

In der Schule

Im Herbst 1977 wurde Chiara eingeschult. Das Beispiel der Eltern hatte ihr, wie gesagt, von klein auf geholfen, in einen lebendigen Glauben hineinzuwachsen. Die Mutter brachte ihr nahe, sich zu fragen, was Jesus sich wohl wünscht. Man erkennt diese Prägung auch in ihren Aufsätzen aus der Grundschule. So schrieb sie in der ersten Klasse zu Weihnachten einen Brief „ans Jesuskind": „Ich

wünsche mir keine Geschenke, sondern dass meine Oma Gilda und alle Kranken gesund werden."

In einem Aufsatz aus dem zweiten Schuljahr heißt es: „In wenigen Tagen ist Weihnachten … Ich hoffe, dass ich das eine oder andere Geschenk bekomme, und ich möchte an dem Tag ein gutes Herz haben. Weihnachten ist das Fest des Jesuskindes … Ich wünsche mir, dass alle Kinder, die leiden, an diesem Tag glücklich sind …" – „Ich träume von dem Tag, an dem weiße und schwarze Jungen und Mädchen sich wie Geschwister an der Hand halten."

In der Zeit, als sich Chiara auf die Erstkommunion vorbereitete, schrieb sie in einem Aufsatz: „Christus sagt: Wer mit mir isst, steht unter meinem Schutz. Er ist mein Bruder, mein Freund und wohnt bei mir zu Hause. – Öffne uns die Augen, Herr, damit wir sehen, dass du uns zum Essen einlädst, dass du uns das Brot gibst. Öffne uns die Augen, damit wir den Hunger der anderen sehen. Du gibst uns das Brot, du gibst uns deine Liebe. Hilf uns auch, dass wir geben, was wir bekommen haben: Brot und Liebe."

Am Weißen Sonntag 1979 bekamen die Erstkommunionkinder vom Pfarrer ein kleines Neues Testament geschenkt. Chiara nannte es „mein Buch", „ein ganz tolles Buch" mit einer „wunderbaren frohen Botschaft". Jeden Tag las sie ein Stück daraus und versuchte, es zu verinnerlichen. Später hat sie einmal gesagt: „So wie es mir nicht schwergefallen ist, das Alphabet zu lernen, so soll es auch mit dem Leben nach dem Evangelium sein."

Chiara liebte die Natur und den Sport: Schwimmen, Skifahren, Fahrrad- und Rollschuhfahren, und sie lernte Tennisspielen. Auch für den Klavierunterricht, für den ihre Mutter sie gewinnen konnte, fand sie noch Zeit – zumindest für ein paar Jahre; dann hat sie damit aufgehört, weil ihr der italienische Pop mehr zusagte als klassische Musik.

In den Bergen um Sassello, ihrer „kleinen Schweiz", wie sie sagte, ging sie manchmal mit ihrem Vater Pilze suchen. Von ihm, so meint eine enge Freundin, hatte Chiara ihren Sinn für Gerechtigkeit, ihre Sensibilität für die Schwächsten und ihre ausgeprägte Wahrheitsliebe. Lügen war ihr fremd, ebenso wenig versuchte sie, sich mit Entschuldigungen herauszureden, wenn sie etwas falsch gemacht hatte.

Wenn andere über die Stränge schlugen, bemühte sie sich zu entdramatisieren. So, als beim Schwimmen ein Junge sie zweimal untergetaucht hatte. Obwohl sie gehörig erschrocken war, versuchte sie die Angelegenheit herunterzuspielen und nahm den schuldbewusst dreinblickenden Jungen in Schutz, als die Mutter ihm die Leviten las.

Im September 1980 – Chiara war fast neun und in der dritten Klasse – hörte sie über eine Frau aus Sassello von den „Gen" (*New Generation*), den Kindern und Jugendlichen der in Italien recht verbreiteten internationalen Fokolar-Bewegung. Diese christliche Gemeinschaft war in der Not des Zweiten Weltkriegs im norditalienischen Trient um Chiara Lubich (1920–2008) entstanden.

Im Mai 1981 nahm die Familie Badano am Familyfest im Palaeur/Rom teil, einem von den Fokolaren organisierten Kongress für Familien. Er sollte, wie Chiara Lubich in ihrem Vortrag sagte, „ein Anstoß sein, die jeder Familie innewohnende Liebe neu zu beleben". Die Badanos kehrten innerlich erfüllt zurück, und die kleine Chiara war ganz angetan von der Art und Weise, wie die Kinder mitein-

Chiara mit neun Jahren

ander lebten. Sie schloss sich einer Kindergruppe, einem „Gen-Team", an und stellte fest: „Diese Mädchen waren anders als die, die ich von der Schule her kannte. Gemeinsam bemühen wir uns, für Jesus zu leben" (29. August 1981). In diesem Miteinander wuchs in Chiara der Wunsch, „Gott den ersten Platz in ihrem Leben zu geben". Jesus wurde für sie zu einem vertrauten Freund, mit dem sie alles besprechen konnte.

Chiara blieb weiterhin in der Jugendgruppe ihrer Pfarrei, zudem fuhr sie öfter zu den „Gen-Treffen" nach Savona. Sie trafen sich meist zu Hause bei „Chicca", so der Spitzname der zwei Jahre älteren Clara Coriasco. Chicca wurde ihre beste Freundin, sie unternahmen viel zusammen, gingen miteinander durch dick und dünn und einmal, im Sommer 1986, verbrachten sie die Ferien gemeinsam in Spanien. Beide liebten die Musik, hörten Platten von Springsteen und U2 an – und sprachen zusammen mit den anderen Gen über den Glauben und ihre „Erfahrungen mit dem Evangelium". Wenn man den Erzählungen von Chiccas Bruder Franz folgt, scheint es eine sehr lebhafte, spontane „Bande" gewesen zu sein, die sich da bei den Corriascos traf.

1982 musste Chiara die Schule wechseln. Sie kam in die „Mittelschule" (*Scuola media*), wie es im italienischen Schulsystem heißt. In einem Brief schreibt Chiara ihrer Klassenlehrerin: „Morgen geht die Schule zu Ende; der Abschied fällt mir schwer … Die fünf Jahre sind schnell vergangen, vielleicht zu schnell … Ich werde Sie nicht vergessen, sondern immer in meinem Herzen bewahren, was sie mir vermittelt haben – an Wissen und an Liebe. Wenn ich Sie geärgert habe, bitte ich um Entschuldigung" (15. Juni 1982).

In der Mittelschule hatte sie einen Lehrer, mit dem sie sich schwertat: „Ich versuche ihn trotzdem gern zu haben … Inzwischen kommt es vor, dass der Lehrer mich zuerst grüßt, wenn ich es einmal vergesse." Sie nahm es als Ansporn, weiter zu versuchen, in der Liebe zu wachsen.

Abends vor dem Schlafengehen dachte sie kurz über den Tag nach und schrieb manchmal auf, was sie erlebt hatte. Aus dem ersten Jahr in der Mittelschule stammt folgende Episode: „Ein Mädchen aus meiner Klasse fehlte schon einige Tage … Ich erfuhr, dass sie Scharlach hatte. Keiner besuchte sie. Ich habe mir überlegt, und meine Mutter war einverstanden, dass ich ihr die Hausaufgaben vorbeibringe … Am wichtigsten war, dass sie sich nicht so allein fühlte. Meine Mutter sagte mir, dass ich mich auch anstecken könnte … Ich habe ihr geantwortet: ‚Macht nichts!' – Meine Klassenkameradin hat sich sehr über meinen Besuch gefreut."

Wegen ihres Glaubens machten sich manche ein wenig über sie lustig und nannten sie „Klosterschwester". Das tat ihr weh, aber sie wusste, dass das „Kreuz" dazu gehört, wenn man Jesus nachfolgen möchte. Sie wollte ihn, der für uns mit einem Schrei der Gottverlassenheit am Kreuz gestorben ist, treu bleiben und hatte sich entschieden, ihn „zu lieben, wie ich kann" (in einem Brief, 17. Juni 1983).

Die Begegnungen mit anderen Gen hatten sie darin bestärkt. Im Herbst 1983 nahm sie von einem „Gen-Kongress" in der Nähe von Rom den Gedanken mit nach Hause, Jesus „einfach zu lieben – und Schluss", wie immer er sich ihr zeigen würde.

Bewusst bereitete sich Chiara auf das Sakrament der Firmung vor, die sie am 30. September 1984 empfing. Von dem Geld, das sie geschenkt bekam, wollte sie nichts behalten.

Am 29. Oktober 1984 wurde sie dreizehn, sie war im letzten Schuljahr der Mittelschule, die sie mit gutem Erfolg beendete.

Danach folgte eine aufregende, schwierige Phase. Es gibt Zeiten im Leben eines Menschen, in denen viele Veränderungen das bisherige Lebensgefüge durcheinander bringen, wie wenn ein Mobile das Gleichgewicht verliert.

Chiara mit Kindern ihrer Kindergruppe

Die junge Gymnasiastin

Eine schwierige Zeit

Chiara entschied sich, nach der Mittelschule aufs Humanistische Gymnasium (*liceo classico*) nach Savona zu gehen.

Im September 1985 begann das neue Schuljahr. Um Chiara den weiten Schulweg zu ersparen, zog die Familie nach Savona, vom Dorf in die Stadt und dort ins Zentrum, in die Nähe des Bahnhofs.

Savona war eine eher graue Hafenstadt mit viel Industrie, so ganz anders als das geliebte Sassello. Bis zuletzt versuchte Chiara die Eltern umzustimmen: So viele Schüler pendelten täglich von Sassello in die Stadt, warum mussten gerade die Badanos dorthin ziehen? Doch in diesem Fall ließen ihre Eltern nicht mit sich reden.

Chiara fiel es schwer, ihre Freunde und die vertraute Umgebung zu verlassen: „Die letzten Tage waren ganz schön hart für mich. Nach dem Umzug nach Savona hatte ich etliche Probleme, zum einen in der Schule; und dann habe ich großes Heimweh nach Sassello, das ich sehr vermisse. Ich weiß, dass dies ein Ausdruck der Verlassenheit Jesu ist, aber trotzdem war es nicht leicht, ihm mein Ja zu sagen. Ich habe es versucht und bin der Mutter zur Hand gegangen, um die letzten Sachen einzuräumen, und dann habe ich mich ans Lernen gemacht, weil es Wille Gottes war."

Wenn es irgendwie ging, verbrachte Chiara die Wochenenden in Sassello. Sie nutzte die Zeit, um mit ihren Freunden zusammen zu sein. Oft waren sie bis spät abends draußen. Das machte den Eltern nicht wenig Sorgen, und sie legten fest, um welche Uhrzeit ihre Tochter wieder zu Hause sein musste. Dies wiederum machte Chiara zu schaffen; denn oft musste sie gerade dann aufbrechen, wenn es am schönsten war. Sie litt darunter, dass die Eltern ihr anscheinend nicht vertrauten. Miteinander suchten sie eine einvernehmliche Lösung. Ihre Mutter erzählt: „Wir haben abgemacht, dass Chiara selbst entscheiden solle. Wenn sie mitten in einem wichtigen Gespräch wären, könne sie bleiben. Ein anderes Mal würde sie dafür um 22 Uhr zu Hause sein. Sie hat kurz überlegt und dann gesagt, damit könne sie leben. Somit war zwischen uns alles wieder im Lot ..."

Das Leben in der Stadt war eine Herausforderung für Chiara; ihr Lebensstil und die Ausdruckweise

Freiheitsliebend und
mit einer klaren Linie

wurden davon unweigerlich beeinflusst, aber sie
wollte ihren Überzeugungen treu bleiben: „In den
letzten Monaten fällt es mir sehr schwer, keine
Schimpfwörter zu gebrauchen, und auch das Fern-
sehen mit nicht gerade guten Filmen ist eine Ver-
suchung für mich. Ich bitte Jesus immer wieder
darum, mir zu helfen, damit ich all dem widerste-
hen kann. In besonders schwierigen Momenten hat
mir die Beziehung zu den Gen geholfen; denn ich
habe mir gesagt, die bemühen sich auch, gegen den
Strom zu schwimmen."

In dieser Zeit wechselte auch die Verantwortliche ihres Gen-Teams. Chiara kam in eine Gruppe mit älteren Jugendlichen, und mit der neuen Gruppenleiterin tat sie sich nicht leicht. Sie überlegte sogar, ob sie weiterhin dabei bleiben solle. Schließlich entschied sie sich dafür, den begonnenen Weg nicht abzubrechen.

Und zu all dem zog Chicca, ihre beste Freundin, nach Turin, um dort zu studieren. Sie konnten sich nur noch selten sehen. Dafür telefonierten sie oft miteinander und schrieben sich Briefe.

Chiara war ein junges Mädchen mit den typischen Problemen einer Pubertierenden. Doch sie hat dabei nicht aus dem Blick verloren, wofür sie leben wollte. Sie stand vor neuen Fragen und Herausforderungen; der Glaube und die Lebensprinzipien, die ihr die Eltern vermittelt hatten, brauchten eine neue Vergewisserung: Stimmt das? Trägt das?, fragt man sich irgendwann. Chiaras Glaube musste sich bewähren, und ihr zunehmender Freiheitsdrang wirkte sich zwangsläufig auch auf die Beziehung zu ihren Eltern aus.

Im Zusammensein mit den Freunden zeigte sie ein großes Gespür für Echtheit und Wahrhaftigkeit. Bei aller Unbefangenheit wahrte sie die nötige Distanz und setzte gegebenenfalls klare Grenzen. Eine

Chiara auf »ihrer« Mansarde

ihrer Freundinnen sagt: „Mehr als einmal waren wir unterschiedlicher Meinung beim Thema Jungs." Chiara wusste, was sie wollte – und was nicht. Das zeigte sich auch, als sie Luca kennenlernte, der ebenfalls aus Sassello stammte und dort seine Ferien verbrachte. Chiara entwickelte eine starke Sympathie für ihn, wie sie ihrer Mutter kurz vor dem Tod erzählte. Doch als sie den Eindruck hatte, dass er es nicht ehrlich meinte, brach sie den Kontakt ab.

Als sie in Sassello war, traf sich Chiara gern mit den anderen Jugendlichen vor dem Straßencafé; denn Freizeiteinrichtungen gab es dort nicht. Das

Café gehörte dem Vater von Giuliano, der nicht viel älter war als sie. Zwischen ihnen entwickelte sich eine tiefe Freundschaft, insbesondere ab dem Sommer 1989. Giuliano wurde für Chiara wie ein Bruder.

Obgleich sich Chiara in der Schule sehr anstrengte, hatte sie ganz schön zu kämpfen. In mehreren Fächern musste sie viel Stoff bewältigen. Die Mutter erinnert sich, dass sie sehr viel lernte und kaum mehr Freizeit hatte. Hinzu kam, dass sie sich von einer Lehrkraft nicht verstanden fühlte und das Klassenziel nicht erreichte. Im Juli 1986 schrieb sie

Karneval in Sassello

an Marita, eine Freundin: „Wie du weißt, muss ich die Klasse wiederholen. Das ist ein ganz großer Schmerz für mich. Es gelang mir nicht gleich, diesen Schmerz Jesus zu geben. Ich habe lange gebraucht, um mich einigermaßen zu fangen, und auch jetzt kommen mir noch Tränen, wenn ich an all das denke ..."

Trotz Enttäuschung und Schmerz ließ sich Chiara zu keinem negativen Urteil oder Wort über die Lehrerin, die sie – zu Unrecht, wie viele meinten – hatte durchfallen lassen, hinreißen. Ihre Klassenkameraden hinderte sie sogar daran, dieser „unsympathischen" Lehrerin einen bösen Streich zu spielen. Chiara bemühte sich aufrichtigen Herzens darum, „die Menschen jeden Tag neu zu sehen und alles zu vergessen, was gewesen war", so erzählen es die Eltern.

Mit einigem Herzklopfen ging Chiara ins neue Schuljahr. Bis auf Mathematik schaffte sie in den verschiedenen Fächern den Anschluss, und durch ihr gewinnendes Wesen fand sie in der neuen Klasse schnell Freunde. Kein Wunder bei ihrer offenen, fröhlichen Art!

Eine enge Freundin wurde Daniela, die von Chiaras Einfühlungsvermögen und Konsequenz beeindruckt war: „Von Chiara habe ich gelernt, dem Mitmenschen mehr Aufmerksamkeit zu schenken, den anderen gut zuzuhören und ihnen von meiner Zeit zu schenken … Auch wenn sie ganz klar ihre Überzeugung vertreten hat, verhielt sie sich anderen Meinungen gegenüber bescheiden und respektvoll. Deswegen haben wir sie so geschätzt."

Nach einem anstrengenden Schuljahr (1986/87) genoss sie die Ferien in Sassello und am Meer.

Ihrer Freundin Patrizia, die mit Chiara zwei Wochen im Sommer verbrachte, ist besonders ihre Spontaneität und Natürlichkeit in Erinnerung geblieben, auch beim Beten: „Man konnte sehen, dass sie aus dem Glauben gelebt hat, auch ohne dass sie Gott weiß was gesagt oder getan hätte … Sie konnte sich so an der Schönheit der Natur freuen und war voller Dankbarkeit gegenüber dem Schöpfer. Chiara hat mir gezeigt, wie man während des Tages in lebendigem Kontakt mit Gott bleiben kann."

Die Natur war für Chiara ein einziges Wunderwerk Gottes, sprach zu ihr aber auch vom Ernst des Lebens und seiner Vergänglichkeit. In den Sommerferien 1987 sagte sie einmal mit Tränen in den Augen zu ihrer Mutter:

„Sieh mal, die vielen Schwalben! Sie ziehen fort, und nächstes Jahr werden wir sie nicht mehr sehen …; denn sie fliegen dem Tod entgegen."

Ein steiler Weg

Niemand wusste, woran es lag, aber es war unverkennbar, dass Chiara nicht so lebensfroh wie gewohnt war; sie war öfter antriebsarm und nervös. Auch ihre Lehrer bemerkten die Veränderung. Selbst am Schulausflug nach Venedig im Oktober 1988 nahm sie nur ungern teil. Chiara schenkte dem zunächst keine allzu große Beachtung, sondern versuchte, wieder auf die Beine zu kommen.

Der Mutter fiel auf, dass Chiara nach dem Tennisspielen ab und zu ganz niedergeschlagen war; der Arm tue ihr manchmal sehr weh, erklärte ihre Tochter. Einmal durchfuhr ein so stechender Schmerz die linke Schulter, dass ihr der Schläger aus der Hand fiel. Nach den ersten Untersuchungen schien nichts Ernstes vorzuliegen, vielleicht eine kleine Absplitterung an einer Rippe, meinte der Arzt.

Chiara ging weiter zur Schule. Doch die Schmerzen ließen nicht nach. Die Schwellung an der Schulter wurde größer, die Muskeln verhärteten sich,

Fieber stellte sich ein. Die Freundin Chicca erzählt: „Wir hatten einen regen Briefkontakt. Schon seit geraumer Zeit konnte ich zwischen den Zeilen eine Not herauslesen. Man merkte, dass ihr das Leben schwerer fiel, auch die Beziehungen zu den anderen." Eine Einlieferung ins Krankenhaus war unumgänglich.

Am 2. Februar 1989 wurde Chiara im Krankenhaus aufgenommen. Die Untersuchung „in der Röhre" ergab: Knochentumor an der siebten Rippe links mit Metastasen in den angrenzenden Weichteilen.

Für die Eltern brach eine Welt zusammen; Chiara musste möglichst bald operiert werden. Wie ernst es um sie stand, sagten sie ihr vorerst noch nicht.

Wenige Tage nach diesem schockierenden Befund, am 7. Februar, brachten die Eltern Chiara nach Turin ins Krankenhaus „Molinette". Unterwegs machten sie Halt bei einer bekannten Wallfahrtskirche und besuchten den Gottesdienst. Chiara war es wichtig, auch zu beichten.

Als sie zum Auto zurückkamen, war der Wagen aufgebrochen, und das ganze Gepäck war weg – mit allem, was sie für den Krankenhausaufenthalt brauchte. Chiara reagierte erstaunlich gelassen; und viele Freunde halfen, den Verlust schnell auszugleichen.

Im Krankenhaus folgten weitere Untersuchungen; die Diagnose bestätigte sich. Die Operation am 28. Februar dauerte sechs Stunden. Auf dem Weg in den Operationssaal sagte Chiara zu ihrer Mutter: „Sollte ich sterben, feiert eine schöne Messe; und sag den Gen, sie sollen laut singen." Als sie aus der Narkose aufwachte und starke Schmerzen spürte, flüsterte sie: „Warum, Jesus? – Jesus, wenn du es willst, will ich es auch!" Ihre Kusine Glenda erzählt: „Als ich ins Zimmer trat, lächelte sie mir entgegen … Sie strahlte dieselbe Freude aus wie früher."

Chiara hoffte, gesund zu werden und bald wieder in die Schule gehen zu können; sie ließ sich über den Lehrstoff auf dem Laufenden halten.

Doch die OP brachte nicht den erhofften Erfolg. Die Ärzte mussten den Eltern mitteilen, dass es für ihre Tochter keine Aussicht auf Heilung gab. Nun standen Maria Teresa und Ruggero vor der Frage, wie sie es ihrer Tochter sagen sollten. Chiara hatte schon eine Ahnung; gegenüber einer Besucherin bemerkte sie: „Mama sagt nicht mehr: ‚Es ist nichts Schlimmes.'"

Am 11. März wurde Chiara aus dem Krankenhaus „Molinette" entlassen; anschließend musste sie sich einer Chemotherapie unterziehen. So kam sie am 14. März in die Turiner Kinderklinik „Regina Margherita". Während des Aufenthalts in Turin wohnte die Familie in einem kleinen Appartement, das Freunde ihnen zur Verfügung gestellt hatten.

Die mehrtägige Behandlung in der Tagesklinik öffnete Chiara die Augen über den Ernst ihrer Lage. Sie sprach selbst den behandelnden Arzt Dr. Brach an und bat um eine klare Auskunft. Die Mutter erinnert sich: „Ich konnte Chiara an dem Tag nicht begleiten. Als sie zurückkam, wollte ich natürlich sofort wissen, wie es ihr ergangen war. Ihr Gesicht war von Schmerz geprägt. Doch sie sagte nur: ‚Mama, jetzt nicht', und warf sich aufs Bett. So blieb sie 25 Minuten liegen, ohne ein Wort zu sagen. Die Zeit kam mir endlos vor. Schließlich sagte sie zu mir: ‚Jetzt kannst du reden.' Ihr Gesicht war wieder wie sonst, entspannt und strahlend."

Wir werden nie erfahren, was in dieser halben Stunde in Chiara vorgegangen ist. Das „Ergebnis" konnte man daran ablesen, wie sie mit ihrer Krankheit bis zum Ende gelebt hat. Wochen später vertraute Chiara ihrer Mutter an, es seien die schwersten Momente ihres Lebens gewesen. Sie merkte, dass Jesus sehr viel von ihr verlangte. Dann wollte sie ihrer Mutter offenbar Mut machen und fügte hinzu: „Ich bin jung, ich werde es schon schaffen."

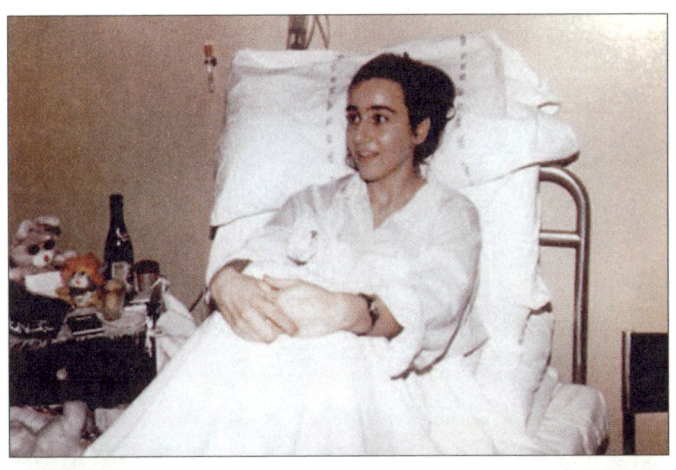

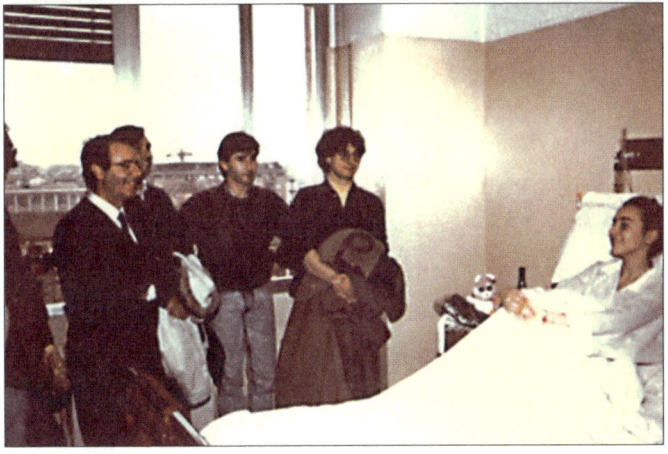

Im Turiner Krankenhaus „Molinette" nach der Operation.
Unten: Besuch von Mitgliedern
der internationalen Band Gen Rosso

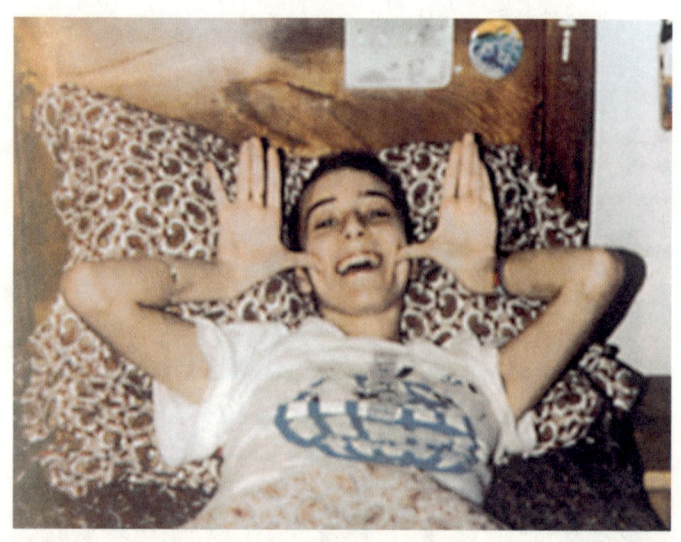
Immer wieder zu Späßen aufgelegt ...

Ab dem 4. April folgten abwechselnd ambulante und stationäre Behandlungen in verschiedenen Kliniken. Die Chemotherapie hinterließ ihre Spuren: Chiara verlor die Haare, was ihr arg zusetzte. Als ganze Strähnen in der Hand zurückblieben, ließ sie sich mit der ihr eigenen Entschiedenheit den Kopf kahl rasieren: „Für dich, Jesus!"

Einer der behandelnden Ärzte sagte: „Die junge Patientin zeigte einen Mut, der für ihr Alter ganz ungewöhnlich war. Sie war interessiert, fragte nach und akzeptierte, was wir für gut für sie hielten."

Die Nebenwirkungen der Chemotherapie und Bestrahlungen wie auch die heftigen Schmerzen

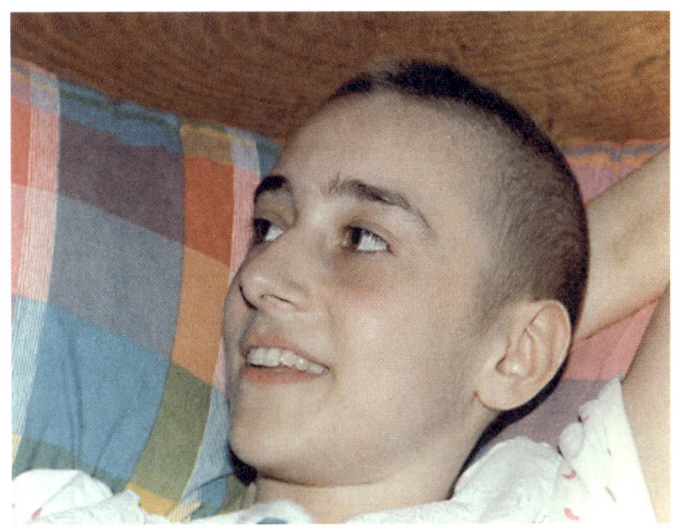
Nach einer »Chemo«

aufgrund von Metastasen im Rückenmark und
Spasmen der Beine machten ihr freilich arg zu
schaffen. Chiara war sich bewusst, wie ernst es um
sie stand. Zu ihrer Tante Titti sagte sie: „Ich werde
nicht mehr gesund; das weiß ich jetzt. Nun geht es
darum, den Willen Gottes zu tun. Und ich bin bereit dazu."

Das Gehen fiel ihr zusehends schwer, ihr Gang
wurde unsicher. Immer öfter war sie auf Hilfe angewiesen, musste sie sich bei jemandem einhaken.
Auf einer Fahrt vom Krankenhaus nach Sassello,
wo sie wieder wohnten, machte die Familie an einer Raststätte Halt. Als Chiara aussteigen wollte,

konnte sie ihre Beine nicht mehr belasten. Die Mutter erzählt: „Sie sagte: ‚Ich kann nicht mehr gehen!' – nichts weiter, und dann bat sie, ihr einen Fruchtsaft mitzubringen. Ihre Ruhe hat mich sehr beeindruckt … Als Ruggero sie dann ins Haus trug, kam keine Klage über ihre Lippen. Sie hat nie gejammert, höchstens das Gesicht verzogen, wenn die Schmerzen zu stark wurden. – Sie hat mir oft gesagt: ‚Jeder Augenblick ist kostbar; er darf nicht vergeudet werden. Wenn er gut gelebt wird, hat alles einen Sinn. Alles relativiert sich, auch in den schrecklichsten Momenten, wenn wir es Jesus schenken. Deshalb geht der Schmerz nicht verloren, sondern hat einen Sinn als Geschenk für Jesus.'"

Chiara konnte fortan nicht mehr gehen. Die heftigen Kontraktionen der Beine verursachten starke Schmerzen. Um im Bett die Beine zusammenzuhalten, musste sie diese anwinkeln und festhalten. Deshalb zog sie es oft vor, Besuch im Bett sitzend zu empfangen. Sie war jetzt auf den Rollstuhl angewiesen – ein harter Einschnitt: „Nie mehr gehen können? Ich bin so gern Fahrrad gefahren und gelaufen!" Auch diese Einschränkung hat sie „ins Gespräch mit Jesus" gebracht. Jedenfalls konnte sie einige Zeit später sagen: „Wenn mich jetzt jemand fragen würde, ob ich wieder laufen möchte, würde ich sagen nein, denn so, wie ich jetzt bin, bin ich näher bei Jesus." Und ihren Freunden gestand sie: „Ich hatte so viele Pläne … – Ihr könnt euch nicht vorstellen, wie jetzt meine Beziehung zu Jesus ist … Ich spüre, dass Gott mich zu mehr ruft, zu etwas Größerem. Mich interessiert nur der Wille Gottes … In einem bestimmten Augenblick war ich draußen aus eurem Leben. Ach, wie gern hätte ich diesen D-Zug gestoppt, der mich immer weiter weggebracht hat! Ich habe es damals noch nicht verstanden. Ich war zu sehr eingenommen von belanglosen Dingen, die so vergänglich sind … Eine andere Welt hat mich erwartet; ich konnte mich nur in sie hineingeben. Jetzt fühle ich mich als Teil eines wunderbaren Plans, der sich mir nach und nach enthüllt."

Die Ärzte taten, was in ihren Kräften stand: 5. Juni: im orthopädisch-traumatologischen Zentrum OP des Rückgrats zur Dekompression der Nervenbahnen, um die Schmerzen in der Wirbelsäule und den Beinen zu lindern; 14. Juni: neuer Chemotherapiezyklus in der Klinik Regina Margherita; begleitende ambulante Bestrahlungen im St.-Anna-Hospital; eine Computertomographie am 23. Juni offenbarte zahlreiche Metastasen, die eine weitere Therapie erforderten.

Am 10. Juli musste die Behandlung unterbrochen werden, weil Chiara zu geschwächt war. Sie erhielt Bluttransfusionen, anschließend wurde die Chemotherapie wiederaufgenommen. Obwohl sich ihr Zustand weiter verschlechterte, blieb sie zur Verwunderung der behandelnden Ärzte erstaunlich gefasst. Als die akute Krise überwunden war, konnte Chiara am 15. Juli entlassen werden; sie blieb mit den Eltern in der kleinen Wohnung in Turin. Doch schon zwei Tage später kam sie wegen einer unvorhergesehenen Blutung erneut ins Krankenhaus. Der Arzt bereitete die Eltern auf das Schlimmste vor. Doch wider Erwarten erholte sich Chiara und konnte überglücklich nach Hause zurückkehren, zumindest für einen Monat.

Chiara blieb dort nicht untätig; im Bett liegend konnte sie lernen, lesen, schreiben … und vor allem immer wieder telefonieren – so viele riefen sie an und wollten mit ihr sprechen.

Die zahlreichen Bücher, die sie in den Jahren ihrer Krankheit las, sind wie ein Spiegelbild ihrer vielfältigen Interessen: „Der Idiot" von Dostojewski, „Die unendliche Geschichte" von Michael Ende, Dantes „Inferno", „Cuore" (Herz) von De Amicis; „Einssein" von Richard Bach, „Brief an ein nie geborenes Kind" von Oriana Fallaci, ferner Bücher von Pavese,

Sciascia, Dumas, Kipling, Hemingway („Der alte Mann und das Meer"), Agatha Christie, Rigoni Stern, Varillon, Calvin, Guareschi, Hesse, „Die Leiden des jungen Werthers" von Goethe, „Die Legende vom heiligen Trinker" von Joseph Roth – und religiöse Bücher, insbesondere von Chiara Lubich.

Was Chiara tat, versuchte sie gut zu tun. Sie selbst sagte einmal: „Wenn man einen Brief schreibt, soll man es tun, als schriebe man ihn an Jesus, und er soll doch keinen Brief mit Fehlern bekommen!"

Sie war darauf bedacht, dass ihre Eltern, die immer für sie da waren, auch einmal ausruhten, miteinander fortgingen und ihre Tochter eine Zeitlang „vergaßen". Mehr als einmal überraschte Chiara die Eltern damit, dass sie etwas für sie „arrangiert" hatte.

Am 20. August musste Chiara wieder ins Krankenhaus – neue Untersuchungen und Therapien standen an. Darauf folgte ein erneutes kräftezehrendes Pendeln zwischen Sassello und Turin.

„Ich merke, dass ich aus mir heraus nichts vermag. Diese Therapien rauben mir alle Kräfte, doch ich vertraue fest auf Gottes Liebe und opfere meine Schmerzen auf, auch in den schwierigsten Momenten" (4. Oktober 1989).

„Jetzt gibt es nichts [Gesundes] mehr in mir, aber ich habe noch das Herz, mit dem ich immer lieben kann."

Das neue Schuljahr begann. Chiara wollte dem Unterricht folgen; doch ihre Kräfte ließen es nicht mehr lange zu.

Die Ärzte taten alles, damit Chiara ihren 18. Geburtstag am 29. Oktober 1989 zu Hause feiern konnte. Als die Mutter sie am Morgen im Krankenhaus abholen wollte, wurde sie von ihrer Tochter mit den Worten begrüßt: „Die Nacht war schrecklich, aber ich habe keinen Moment vergeudet, denn ich habe alles Jesus geschenkt."

In Sassello wurde sie mit Freuden erwartet. Geschenke hatte Chiara keine gewollt; denn, so sagte sie: „Ich habe alles!" Was sie dennoch an Geld bekommen und gespart hatte, gab sie Gianfranco Piccardo, einem Freund der Familie, der in Benin als Entwicklungshelfer tätig war, für die Kinder in Afrika. „Da, wo ich hingehe, brauche ich nichts", antwortete sie, als sie gefragt wurde, ob sie wirklich den gesamten Betrag geben wolle.

Chiaras Freunde ließen es sich dennoch nicht nehmen, ihr einen heimlichen Herzenswunsch zu erfüllen: einen zwei Monate alten Welpen, der ihr in ihrer schweren Krankheit Gesellschaft leisten sollte. Dieses Geschenk nahm Chiara dankbar an. Sie nannte ihn „Briciola", „Krümel".

Während einer schlaflosen Nacht im November schrieb sie an ihre Freundin Chicca: „Briciola wird immer größer und immer schelmischer. Wie du dir vorstellen kannst, wird er von allen verwöhnt. Danke für euer Geschenk, ihr habt mir eine riesige Freude gemacht!"

Seit Chiara bei den „Gen" mitmachte, hatte sie öfter Chiara Lubich geschrieben, besonders nach ihrer Erkrankung. Diese Verbindung wie auch die Gemeinschaft mit den anderen Gen bedeutete ihr viel; sie fühlte sich dadurch getragen und immer wieder ermutigt, in der Liebe zu Jesus und den anderen nicht nachzulassen. Am 20. Dezember schrieb sie an Chiara Lubich: „Seit zwei Tagen bin ich wieder zu Hause, nachdem ich im Krankenhaus in Turin seit etwa zehn Monaten zum x-ten Mal eine Chemotherapie über mich ergehen lassen musste. Mein Gesundheitszustand ist im Augenblick nicht besonders gut; denn mein Körper ist durch die Therapien sehr mitgenommen." Sie berichtet von einem besonderen Erlebnis: „Ich hatte heftige Schmerzen, aber meine Seele hat gesungen."

In ihrem Antwortbrief versicherte Chiara Lubich ihr das Gebet; außerdem gab sie ihr ein Bibelwort als „Lebensmotto" mit auf den Weg: „Wer in mir bleibt und in wem ich bleibe, der bringt reiche Frucht" (Joh 15,5). Aus diesem Wort Jesu hat sie viel Kraft geschöpft, und zugleich erscheint es als Ausdruck einer Wirklichkeit, die sie ausstrahlte.

Weihnachten 1989 wollte sie unbedingt zu Hause verbringen. Doch dann bekam sie Fieber, und es war klar, dass sie erneut ins Krankenhaus musste. Einen Tag vor Heiligabend brachte der Notarztwagen Chiara nach Turin ins Krankenhaus. Die Mutter begleitete sie. Zum ersten Mal rebellierte Chiara gegen diese Entscheidung; während der Fahrt war sie sehr ernst und schweigsam, fast trotzig, schmollend. „Als es ihr bewusst wird", erzählt Maria Teresa, „entschuldigt sie sich und versöhnt sich wieder mit mir." Es fiel Chiara unsagbar schwer, ausgerechnet an Weihnachten fern von Sassello zu sein.

Am Heiligen Abend besuchte der Ortsbischof Kardinal Saldarini das Kinderkrankenhaus und kam auch zu Chiara ins Zimmer. Nach einem kurzen Gespräch fragte er sie: „Wie kommt es, dass du so strahlende Augen hast?" Schüchtern antwortete sie: „Ich bemühe mich, Jesus zu lieben."

Die letzte Wegstrecke

Am 28. Dezember konnte Chiara das Krankenhaus wieder verlassen, doch schon am 24. Januar 1990 wurde sie erneut eingeliefert. Sie war sehr geschwächt, litt unter Atemnot, und die Kontraktionen der Beine machten ihr immer mehr zu schaffen.

Man hatte ihr einen Schmerzkatheter gelegt, doch sie wünschte, dass er wieder entfernt würde (das erfolgte am 8. März). Sie wolle kein Morphium oder hochdosierte Schmerzmittel. „Sonst habe ich keinen klaren Kopf. Und ich kann Jesus nur den Schmerz schenken. Etwas anderes habe ich nicht mehr."

Neue Untersuchungen ließen keinen Zweifel daran, dass Chiaras Lebenszeit begrenzt war. Körperlich immer schwächer, blieb sie, so gut sie konnte, im stillen Gespräch mit Jesus, „ihrem Freund und Bräutigam", wie sie ihn nannte. Oft waren ihre Gedanken bei ihm: „Eines Tages fand man einfach keine Vene für die Infusionsnadel. Sie ließen die Schwester mit der größten Erfahrung kommen. Erst nach mehreren Versuchen fand sie eine kleine

Vene am Daumen … Die Schwester bat mich, ganz, ganz ruhig zu bleiben. Es tat sehr weh, und instinktiv wollte ich den Finger bewegen; aber ich habe mir gesagt: Dieser ‚Schmetterling' ist wie ein Dorn, von denen Jesus viele am Kopf hatte."

„Im Zimmer war es ganz still, ich hörte die Tropfen der Infusion wie Hammerschläge. Da dachte ich an die Schläge, die Jesus ertragen musste, als man ihn ans Kreuz nagelte, und habe es ihm geschenkt."

„Seit einer Woche habe ich hohes Fieber. Das macht mich noch schwächer, als ich schon bin. Aber alles ist eine Gelegenheit zu lieben, um zusammen mit Euch noch tiefer in Gott verwurzelt zu sein" (in einem Brief vom 22. Februar 1990).

„Seit meine Beine verrückt spielen, hat sich mein Leben völlig verändert. Aber ich beklage mich nicht, denn ich weiß, anderen geht es schlechter als mir. Ich habe eine wunderbare Familie und Freunde, die mich besuchen oder anrufen. Das macht mich glücklich, und die Zeit vergeht ganz schnell."

Wie viel Chiara echte Freundschaft bedeutete und wie viel Halt sie darin fand, machen folgende Zeilen deutlich: „Danke für alle Gebete und alles, was Ihr für mich einsetzt. Das ist ganz wichtig für mich. Es wäre schrecklich, wenn ich diese starke Einheit unter uns nicht spüren würde. Dann hätte ich keine Kraft, um weiterzugehen."

Umgekehrt hat Chiara anderen auch in dieser Zeit viel gegeben. Paola berichet: „In ihrer Nähe hat man nie gespürt, wie krank sie ist. Ich hatte eher den Eindruck, dass ich krank bin, gelähmt, weil ich zwar alles habe, es aber nicht teile, schenke. Wenn ich sie auch nur anschaute, verstand ich, was Lieben heißt. Wie Chiara möchte auch ich sagen: ‚Wenn du es willst, Jesus, will ich es auch.‘"

Und Giuliano, der gute Freund aus Sassello, sagte: „Mit Chiara habe ich die schönsten Augenblicke meines Lebens erlebt. Während ihrer Krankheit war sie es, die mich stützte; sie fand die richtigen Worte und Zeichen, um mir Mut zu machen."

Den Monat Mai verbrachte Chiara in Sassello. Sie wusste, dass ihre Situation aussichtslos war und machte sich nichts vor. So entschloss sie sich, die Chemotherapie abzubrechen. Mit großer Bestimmtheit rief sie selbst im Krankenhaus an, um es den Ärzten mitzuteilen.

Ein letztes Mal begleiteten die Eltern Chiara nach Turin ins „Regina Margherita". Nach einem Gespräch mit den Eltern willigten die Ärzte in Chiaras Wunsch ein, von einer weiteren Chemotherapie abzusehen, und rieten zu einer Schmerztherapie. Es war der 22. Juni. Dr. Brach teilte den Eltern mit, dass Chiara noch eine Lebenserwartung von etwa zwei Monaten habe: „Wir müssen eingestehen, dass wir den Kampf gegen die Krankheit verloren haben."

Dr. Brach sagt über seine junge Patientin: „Mit Chiara hatte sich eine Beziehung des Dialogs, der Freundschaft entwickelt. Auf diese Weise habe ich ihren tiefen Glauben kennengelernt. Als meine Eltern starben, hatte sie tröstende Worte für mich. Sie glaubte an ein Weiterleben nach dem Tod und sprach davon mit einfachen, nicht angelernten Worten. Immer wieder hat sie mir versichert, dass sie ihre Situation annehme, wie sie ist. Und das sagte sie ganz spontan und natürlich. Sie zeigte ihren Glauben nicht so sehr durch Worte, sondern durch ihre Haltung, durch ihren Frieden. Sie meinte es wirklich ernst. Davon bin ich überzeugt, denn in einer Situation wie der ihren ist es fast unmöglich, auf Dauer etwas vorzutäuschen."

Chiara war froh, dass sie nach Hause, nach Sassello, zurückkehren konnte.

„Jetzt bin ich Jesus immer näher. Ich muss mich darauf vorbereiten, ihm zu begegnen."

Die Mutter erzählt: „Meine Tochter bat mich weiterzuleben, wie wenn sie nicht krank wäre. Sie trug mir auf, zum Friseur zu gehen, mich gut zu kleiden und ‚Krümel' auszuführen. Vergiss den Papa nicht!, sagte sie mir, geht spazieren und erholt euch ein wenig! – Einmal hat Chiara in einem Buch, das sie mir zum Lesen mitgegeben hatte, einen Zettel versteckt, auf dem stand: ‚… Ich hoffe, du kannst dich ein wenig erholen und bekommst etwas Farbe (vorausgesetzt, die Sonne scheint). Seid nicht traurig; ich bin glücklich – trotz allem. Bitte denkt nicht zu viel an mich (aber ein bisschen schon), denkt auch mal an euch beide.'"

Auf die Frage der Mutter: „Was mache ich, wenn du nicht mehr da sein wirst?", antwortete Chiara: „Mama, vertrau auf Gott, dann … hast du alles getan." „Wenn du mich suchst, schau zum Himmel: Du wirst mich auf einem kleinen Stern finden …" Und: „Mach dir keine Sorgen, wenn ich nicht mehr da bin. Wenn du Gott folgst, wirst du die Kraft finden weiterzugehen."

Zu ihrem Vater, der schwer darum ringen musste, die Krankheit seiner Tochter anzunehmen, sagte sie einmal: „Papa, versuch den gegenwärtigen Augenblick zu leben …, jeden Augenblick in Verbundenheit mit Jesus. Gott mit seiner Gnade wird dir helfen. Die Vergangenheit ist vorbei und die Zukunft ist ungewiss. Konzentriere dich ganz auf das Jetzt in einer beständigen Beziehung mit Jesus."

Am 19. Juli schrieb sie einen Brief an Chiara Lubich (hier einige Stellen im Original).

„Ich habe den Chemotherapiezyklus abgebrochen …: keine Wirkung, keine Besserung! Die Medizin hat also die Waffen gestreckt. Nur Gott kann [helfen]. Seit ich die Behandlung abgebrochen habe, sind die Schmerzen … schlimmer geworden, und ich kann mich kaum noch auf die Seite drehen."

„Ich fühle mich so klein, und der Weg, der vor mir liegt, ist so steil; oft fühle ich mich vom Schmerz überwältigt. Doch es ist der Bräutigam, der mich besucht, nicht wahr?" – Chiara bezeichnet Jesus mit dem aus der christlichen Tradition bekannten Begriff „Bräutigam" (der Seele), um zu sagen, dass ihr Herz ihm gehört. Und sie bekräftigt, dass sie Jesus sagen wolle: „Wenn du es willst, dann will ich es auch."

In ihrem Antwortbrief bezog sich Chiara Lubich auf das Foto, das Chiara Badano ihr beigelegt hatte: „Dein strahlendes Gesicht spricht von deiner Liebe zu Jesus. Hab keine Angst, ihm Augenblick für Augenblick dein Ja zu sagen. Er wird dir ganz sicher die nötige Kraft geben. Gott liebt dich über alles; er möchte bis ins Innerste deiner Seele vordringen und dich mit dem Himmel beschenken." Und sie gab Chiara Badano einen zweiten Vornamen, den diese sich schon lange gewünscht hatte: *Luce*, Licht.

Die Anwesenheit ihrer Familie und Freunde auch während ihrer Krankheit hat Chiara viel bedeutet. Doch manchmal wurde ihr der Besuch zu viel. Sie brauchte auch Ruhe, um innerlich dort zu bleiben, „wo alles Schweigen und Betrachtung ist", wie sie selbst sagte. Das Sprechen fiel ihr zunehmend schwer.

Immer stärker wurde ihre Sehnsucht nach dem Himmel: „Jesus erwartet mich. Wenn er mich abholt, bin ich bereit."

Ein andermal sagte sie: „Ich bitte Jesus nicht mehr darum, mich zu sich in den Himmel zu holen; sonst sieht es so aus, als wolle ich nicht mehr leiden." – „Jesus weiß, wann ich gehen muss."

An Chiaras Namenstag, dem 11. August, feierte der Pfarrer von Sassello, Don Bazzano, an ihrem Krankenbett die Eucharistie. Später beschrieb er seinen Eindruck folgendermaßen: „Ich habe keine langen Gespräche mit Chiara geführt, auch nicht in der Zeit ihrer Krankheit. Aber wenn ich ihr begegnet bin, gewann ich jedes Mal die Überzeugung, dass sie beständig in der Gegenwart Gottes lebte. Gott war ihr Lebensgefährte …"

Wenn die Schmerzen übergroß wurden, suchten ihre Augen ein kleines Bild des gekreuzigten Jesus, das die Mutter für sie aufgestellt hatte.

Eine Ärztin kümmerte sich darum, dass Chiara eine geeignete Schmerztherapie bekam.

Bis zuletzt hielt Chiara, wenn sie keine Sauerstoffmaske trug und ihre Kräfte es erlaubten, den Kontakt zu den Freunden. Das Telefon, das am Kopfende ihres Bettes angebracht war, blieb ihre Verbindung nach draußen. Sie versuchte, ihre Freunde aufzuheitern und machte ihnen Mut, ohne Angst vor der Zukunft das Leben in die Hand zu nehmen. Ihrer Mutter sagte sie: „Weißt du, Mama, ich kann keinen Lauf mehr machen, aber trotzdem möchte ich den Jugendlichen wie bei den Olympischen Spielen die Fackel übergeben. Sie haben nur ein Leben, und es lohnt sich, es gut zu leben."

Chiara ging bewusst auf den Tod zu. Ausdrücklich bat sie ihre Mutter, nicht zu weinen: „Wenn eine Achtzehnjährige im Himmel ankommt, feiert man ein Fest."

„Wenn ich in die Kirche getragen werde, musst du singen, denn ich werde mit dir singen. Und du musst auf Papa achtgeben, dass er nicht anfängt zu weinen; denn das stört."

„Ich gehe ins Paradies, dort leide ich nicht mehr und werde überglücklich sein."

Sie wollte, dass sich die Eltern für die Beerdigung neu einkleideten. Für sich selbst wünschte sie ein schlichtes langes weißes Kleid mit einer rosa Schlei-

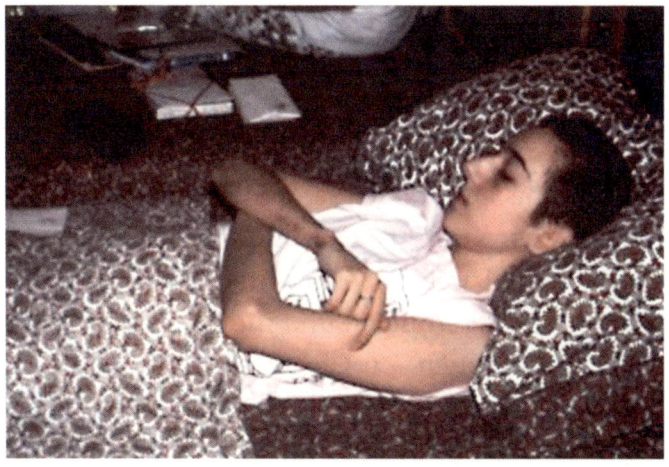

Chiara im Gebet nach der Kommunion

fe; das nähte die Mutter ihrer Freundin Chicca. Mit ihr zusammen suchte Chiara am 21. August für „ihre Messe" die Lesungen und Lieder aus und bereitete die Fürbitten vor.

Bischof Livio Maritano, der Chiara gefirmt hatte, besuchte sie mehrmals an ihrem Krankenbett. Er berichtet: „Chiara sprach nicht über sich und ihre Krankheit. Sie wollte kein Mitleid. Sie fragte mich, wie es in der Diözese gehe. Ich gewann den Eindruck einer außergewöhnlichen geistigen Reife. Für sie war es wichtig, sich Gott anzuvertrauen und seinen Willen zu tun. In ihrer fortschreitenden Erkrankung zeigte sie eine große innere Kraft. Sie hat wirklich ein Beispiel christlicher Hoffnung gegeben!"

Ende September durchlebte Chiara Luce einen Moment tiefer Existenzangst, von dem sie am 4. Oktober ihrer Freundin Chicca berichtete, die das Erlebnis aufschrieb. Sie fühlte sich wie von einer dunklen Kraft gepackt und in die Tiefe gezogen. In ihrer Panik rief sie nach der Mutter, der es gelang, sie zu beruhigen und die ihr riet, ganz auf Jesus zu vertrauen. Zu Chicca sagte Chiara Luce: „Im Moment bin ich im Frieden. Betet dafür, dass ich es bis zum Schluss bleiben kann." – „Jesus ist stärker!"

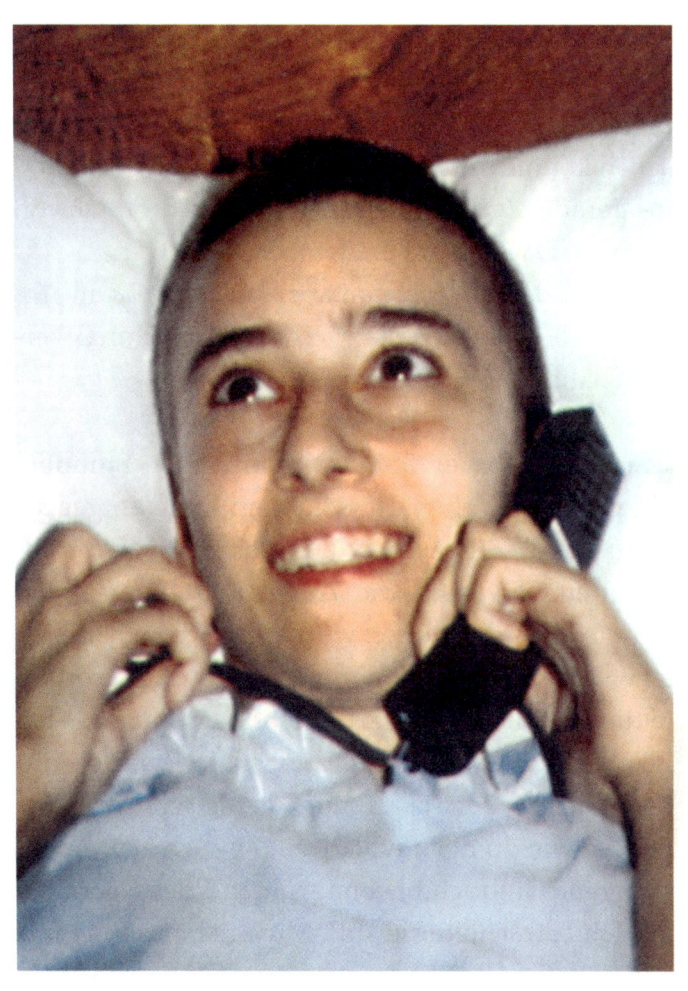

Giuliano ließ sie einen schriftlichen Gruß zukommen, damit er ihn auch den anderen Jugendlichen aus Sassello weitergebe. Da sie nur noch schlecht sehen konnte und sehr schwach war, bekam sie keine gerade Zeile zustande und fing dreimal von vorn an. Das war am 5. Oktober.

Jedem, der im Zimmer war, reichte sie zum Abschied die Hand. „Wenn ich euch manchmal verletzt habe, verzeiht es mir."

Chiaras Mutter erzählt von den letzten Stunden: „Man konnte sehen, dass es dem Ende entgegenging. Der Morgen [des 6. Oktobers] war fortgeschritten. Sie hatte die Augen geschlossen. Ich wusste, dass sie sterben würde, und doch hatte ich einen großen Frieden in mir, und Freude. Sie öffnete die Augen und sagte: ‚Weißt du, Mama, was ich gemacht habe? Ich habe gesungen. Ich habe gesungen: Hier bin ich, Jesus, auch heute, vor dir, ganz neu, so wie du mich willst.'

Ruggero und ich blieben während der Nacht bei ihr. Ich betrachtete sie still. Mit einem Mal fiel mir auf, dass ihr Gesicht ganz verzerrt war ... Sie muss in dem Moment wirklich extrem gelitten haben ... Kaum hatte ich Ruggero darauf aufmerksam gemacht, entspannte sich ihr Gesicht wieder, und sie sah aus wie immer.

Sie machte mir ein Zeichen mit dem Finger – sie hatte kaum noch Kraft zu sprechen – und ich beugte mich nahe zu ihr. Sie versuchte zu lächeln, legte mir die Hand auf den Kopf und zerzauste mir die Haare. Dann sagte sie: ‚Ciao, Mama; sei glücklich, denn ich bin es.‘"

Das waren ihre letzten Worte. Den Vater bedachte sie mit einem liebevollen Blick.

Chiara Luce Badano starb am 7. Oktober 1990 um 4.10 Uhr.

Einige Zeit vorher hatte sie bestimmt, dass sie die Hornhaut ihrer Augen als Organspende zur Verfügung stellen wolle.

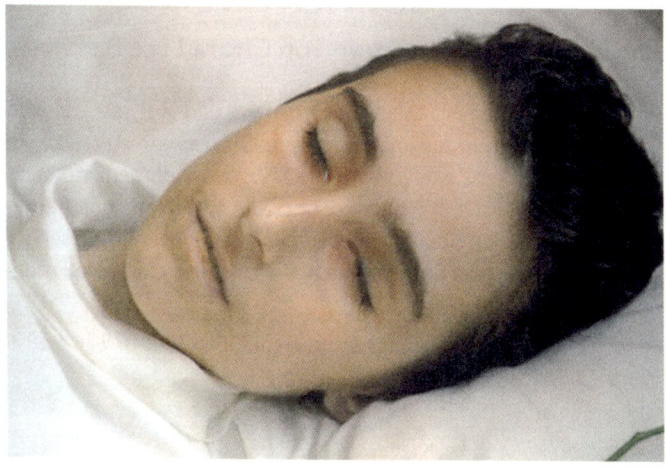

Mehr über Chiara Luce Badano in dem ergreifenden Buch-Interview mit ihren Eltern:

Franz Coriasco

»CIAO MAMA;
SEI GLÜCKLICH, DENN ICH BIN ES!«

Im Gespräch mit den Eltern von Chiara Luce Badano

In aller Einfachheit erzählen Maria Teresa und Ruggero Badano von ihrem Leben miteinander und mit Chiara, von Alltäglichem und von schweren Zeiten, von Glück, Abschiednehmen und dem, was bleibt: Einblicke in eine ganz normale und doch so außerge-wöhnliche Familie, eine Annäherung an das Geheimnis dieser Ju-gendlichen, die »eine Spur von Licht« hinterlassen hat, wie Freun-de sagen.

96 Seiten, kartoniert, ISBN 978-3-87996-958-6

www.neuestadt.com